中华中医昆仑

承淡安学术评传

张镜源◎主编

中国盲文出版社

图书在版编目（CIP）数据

承淡安学术评传（大字版）/ 张镜源主编. —北京：中国盲文出版社，2015.12
（中华中医昆仑）
ISBN 978-7-5002-6800-0

Ⅰ.①承… Ⅱ.①张… Ⅲ.①承淡安（1899～1957）—评传 Ⅳ.①K826.2

中国版本图书馆 CIP 数据核字（2015）第 303104 号

承淡安学术评传

主　　编：张镜源
责任编辑：顾　盛
出版发行：中国盲文出版社
社　　址：北京市西城区太平街甲 6 号
邮政编码：100050
印　　刷：北京华联印刷有限公司
经　　销：新华书店
开　　本：700×1000　1/16
字　　数：42 千字
印　　张：6.75
版　　次：2015 年 12 月第 1 版　2015 年 12 月第 1 次印刷
书　　号：ISBN 978-7-5002-6800-0/K·394
定　　价：12.00 元
销售服务热线：（010）83190297　83190289　83190292

丛书编委会

前　言

中医药是中华民族的伟大创造，是世界医学宝库中的夺目瑰宝，数千年来为中华民族的繁衍昌盛作出了巨大的不可磨灭的贡献，至今仍是中国医药卫生事业不可分割的重要组成部分，在维护民族体魄康健、促进经济社会发展中发挥着不可替代的作用。

中医药学，是中华传统文化和科技文明的结晶，是勤劳聪慧的中华儿女在几千年生产生活实践中，在与疾病作斗争的过程中，创造的独具特色的医学科学体系。它有着浓郁的民族特色、深厚的文化底蕴和丰富的哲学内涵。经过一代又一代中医药传人、一辈又一辈名医大家的实践探索、薪火传承、总结完善、创新发展，逐步形成了系统的理论体系、独特的诊疗方法、丰富的医学内容、实用的制药技术。具有疗效确切、用药安全、应诊灵活、普适简廉和预防保健作用显著的巨大优势，在世界医学之林独树一帜，为人类的文明进步与医疗保健事业，已经并正在作出积极的贡献。

为了弘扬中华民族传统文化，彰显中医药学家的丰功伟绩，当代中医药发展研究中心与中国文学艺术界联合会、国家中医药管理局新闻办公室、中华中医药学会、中国中医科学院、北京中医药大学、世界中医药学会联合会等精诚合作，在国家中医药管理局的支持和指导下，为中华近现代百年来贡献卓著、深受敬仰的150位中医药学家，编撰出版了这部大型传记丛书。丛书采用评传体裁，记载他们的生平事迹、医术专长、学术思想、传承教育、医风医德、养生之道和突出贡献，使这些宝贵的医学成就和精神财富发扬光大，千古流芳。

丛书取名《中华中医昆仑》。昆仑山，被尊为“万山之祖”，柱西北而瞰东南，立中国而凭世界，凌驾乾坤，巍然屹立。以其高峻豪迈、绵延起伏的磅礴气势，寓意中华中医药学历史悠久、博大精深和永不衰竭；以其挺拔雄伟、高耸入云的恢弘气魄，彪炳一代中医药学家的丰功伟绩、杰出贡献和不朽勋业。

丛书入选传主，从全国范围推荐遴选，遍及中医药界各个领域。有临床家、理论家、药学家、教育家、医史文献学家；有名师亲授、世医家教、学派传人、院校毕业和自学成才者；有师徒并驾、父子齐名和伉俪联袂者。他们学术造诣深厚、诊疗技术精湛、临床经验丰富、学科地位崇高、科研成果丰硕、医风医德高尚、国内外影响较大，从医学理论到临床实践，为中医药事业的传承和发展作出了突出贡献，是近现代百年来中华中医药界的杰出代表。

丛书的出版，对于弘扬中华文化，振兴中医药事业，造就中医药人才，普及中医药知识，具有重要的现实意义和深远的历史意义。这是一项开创性工作，填补了我国为著名中医药学家大规模撰写传记的空白；也是一项抢救性工作，因入选传主已仙逝过半，许多亲历、亲见、亲闻的史料日见散逸，将之收集整理、编撰成书，功垂后世、利国利民；更是一项承前启后的工作，总结传主经验，传承中医药伟业，继往开来，光耀世界医学之林。这部医文结合，富蕴历史性、学术性、文学性和实用性的鸿篇巨制，对医疗、卫生、科研、教育及全球关注中华中医药文化的各界人士，都有重要的参考和阅读价值。

丛书的编撰出版，是一项巨大的中医药文

化建设工程，在策划、撰写、编辑、出版过程中，自始至终得到了国家有关领导、政府部门及社会各界人士的关心和支持。国家中医药管理局高度重视，并组织专家对全书进行终审；数百名专家、学者亲临指导，参与规划；有关省、市、自治区卫生厅、局、中医局（处）给予大力帮助；传主及其亲属、弟子热情支持、密切配合；撰稿人深情满怀、辛勤笔耕；编审专家尽心竭力、精工细琢；关爱中医药事业的企业家热心公益、慷慨资助；全体工作人员不辞辛劳、无私奉献，这一切使丛书得以顺利出版。对此，我们深表谢意。

由于时间紧迫和资料搜集困难，加之水平有限，难免有疏误之处，敬请广大读者批评指正。

中华中医药学，历史悠久，源远流长，发端于远古，奔向于未来。百年对于历史，不过是短暂的瞬间；百人对于万众，不过是沧海一粟。然本丛书所记载的百年百人，则无疑是波澜壮阔的中医药发展史上辉煌的篇章和光芒闪烁的璀璨星辰。

张镜源

目录

昔者黄帝问道于岐伯，坐明堂以授雷公，扁鹊仓公因而广其道，此所谓薪传也。

针灸为古代绝学，夫人而知之矣。其理也神奇，诚所谓仰之弥高，钻之弥坚者也。

盖专以救病为乐事，不以名利存心者也。

——承淡安

承淡安（1899—1957），亦名澹盦，原名启桐。现代著名中医学家、针灸学家、教育家，在杏林享有盛名。尤其在针灸治疗领域，秉承明清针灸名家的学术思想和技术，同时借鉴西医理论和疗法，在30余年的医疗实践中，不断创新和积累经验，造诣颇深，成就卓著，被誉为针灸学一代名师，针灸学巨擘。

承淡安毕生投身于医学教育事业，广传薪火。1929年创办“中国针灸学研究社”，是中国教育史上较早的针灸函授学校。嗣后广办医校，甘濡桃李，推动针灸大业再度振兴，万余弟子门人遍于海内外，成为针灸事业的有生力量。承淡安还创办了针灸专业期刊——《针灸杂志》，创立了针灸专门医院。

承淡安著述颇丰，先后出版了《中国针灸治疗学》、《中国针灸研究》、《子午流注针法》、《经穴图考》、《针灸精华》、《伤寒论新注》等十余部专著。这些著作概括地反映了他的学术成就和临床经验，为近现代针灸的振兴和发展作出了卓越的贡献，成为令人仰止的一座理论高峰。

中华人民共和国成立后，承淡安曾应邀担任江苏省中医进修学校（现南京中医药大学）校长。1955 年 6 月，中国科学院学部成立之时，中医有三位学部委员，临床是萧龙友，医药是叶橘泉，针灸便是承淡安。此后，承淡安又当选为中华医学会副会长，全国政协委员等。承淡安留下的医学财富，犹如一座尚未挖掘的宝藏。然而，由于承淡安英年早逝，加之岁月流逝，长期以来，后人对这位彪炳中国针灸发展史的近现代著名针灸大师的学术思想、医学成就缺乏全面、系统的整理与研究。承淡安淳朴谦和，勤奋自强，宅心仁厚，胸怀宽广，神仙手眼，菩萨心肠的至高至尚的医德，也未深入发掘与大力弘扬。承淡安之蕴奥岂可不加记录，而令其湮没乎哉！

幼承庭训自寡俦
力擎针道起江阴

1899 年 9 月 13 日，承淡安出生于江苏省江阴县东乡华墅镇一个世医之家。这里靠近奔腾不息的长江，地势险要，为三吴辅地。古属“延陵”的江阴，自古钟灵毓秀，人文荟萃。从春申君到明代徐霞客以前的诸多名人自不必说，清末民初涌现的一大批科学和文化名人，如图书学家缪荃孙、植物学家赵承嘏、化学家钱保功和“江阴三刘”等人，中医学家柳宝诒、曹颖甫等，也诞生在这里。

承淡安的祖父承凤岗，业医，专治小儿病及麻痘，在当地颇负盛名。承淡安之父承乃盈，行四，13 岁丧父。乃盈稚年失怙，迫于生活环境，遂住邻镇习商，实非其志。他业余自研医书，18 岁拜当地外科周氏为师，半工半读，三年学成，归里应诊。初行医，门庭冷落，常于深夜外出数十里挑贩时菜到邻镇叫卖，赚取微利养家。他平日手不释卷，苦读医典，后向儿科医师缪怀仁学推拿，同时拜邻居陈居才习针灸。承乃盈性情温和善良，仁慈为怀，辛勤治病，其志殆欲世无病人，而以限于境地，欲求薄利广济。尽管自家生活拮据，他却对贫穷患者不取诊金，有时还暗中送钱济助。他待人至诚，自奉俭约，孝顺老母，敬爱兄妹，对承淡安弟妹三人，从无怒骂责打之举。承淡安之母虽不识字，但相夫教子，每纺织至深夜，艰苦劳作，从无怨言。承淡安的性格深受父母影响。

承淡安虚年 6 岁，即在左邻方老先生家启蒙认字。8 岁时，方老先生病故，承淡安转到查姓先生家读"四书"。到 12 岁时，他已读完《左传》、《礼记》、《幼学琼林》等 30 多本书，后进入本镇公立澄华小学，插班到三年级。16 岁高小毕业时，他报考南通师范不中，暂留校，教初小一二年级。承淡安的求学和从教经历，为他打下了坚实的国学基础。

承淡安19岁遵父命，师从镇上的外科医生瞿简庄先生学医。先生喜爱天资聪颖、老实厚道的弟子，免收学费，悉心教授。他三年读完《素问灵枢类纂约注》及陈修园编撰的《伤寒论浅注》、《本草从新》等医典。瞿先生学富五车，精研古典医籍，敦厚有礼，文质彬彬，深受同道敬重，讲话咬文嚼字，却拙于表达。他上览经典，下知近代，旁及诸家，帮助承淡安打下了良好的从医基础。直到1954年，深情厚谊的师生间尚常有往来。

20世纪初，欧风东渐，西医随着民国科学思想的潮流，来到江南水乡，吸引着这位中医学子。在承淡安21岁时，镇上来了一位西医，西式的诊治施药，令人耳目一新，轰动一时。承淡安思忖，如若中西合璧，疗效岂不更好。

但中医有传承，西医却是崭新学问。承淡安深知，“为学之道，莫先于穷理；穷理之要，必在于读书”，“读书之法，莫贵于循序而致精”。方寸之地建不起百尺之楼，涔蹄之水扬不起万顷波涛。他克服家境贫寒等重重困难，典卖爱妻的陪嫁细软，于1919年秋风萧瑟时节，先后赴上海“大精神医学研究会函授精神治疗法”学习班、汪泽举办的中西医学习班、西药和注射方法学习班及朝鲜人办的“灵子术”学习班研读学习。通过近两年的各类西医班学习，承淡安初窥西医之门，眼界豁然开朗。此后，无论临床实践还是教育研究，他在秉承传统的同时，无不兼收西学。无论是考据经穴定位、阐释经络原理，还是明确针刺强弱补泻，乃至后来所著《中国针灸学》等，都充分体现出他中西医结合的特色，包含着与时俱进的学术观点，被针灸界称为“澄江针灸学派”。

行医之初，承淡安将针灸、刮痧和推拿等

治疗方法视为雕虫小技，颇不以为然。谁料1923年，承淡安得了一场大病，腰痛和失眠之苦，让他备受煎熬。在中西药双管齐下，治了几个月后，屡不见效，他转而求治于父亲，但见小小银针在父亲手中轻缓捻转，徐徐退出，如是者无几，竟收神效，痊愈如常。承淡安有感于父亲以小小银针治病，针到病除，灸至疾消，每奏奇功，其针灸简、便、廉，事半功倍，令人叹为观止，深深感悟到“律令合时方贴妥，功夫深处却平夷”的医学高妙境界。他开始笃信针灸，随父学习，初得薪传，开启了毕生研究针灸、振兴针灸、发展针灸的求索之旅。

在父亲的悉心指导下，承淡安从《针灸大成》起步，精研针灸经典。他白天侍父出诊，或自己行医，夜晚挑灯苦读。读完《针灸大成》，又精读《针灸甲乙经》、《针灸逢源》等针灸经典著作，互相参证，融会贯通，滴水石穿，锲而不舍，逐步掌握了针灸古典理论知识和技能。

衷中参西扬国粹
办学创刊初展翅

1925年春，承淡安悬壶于距家18里的北涸镇，开始独立行医。两年后，他又迁至苏州皮市街济世。期间，承淡安精湛的医术已初步展现。刚到北涸不久，承淡安侍父到沙洲（现张家港市）诊李某之病。承淡安见病人颈项肿胀，口气秽浊，肤灼如火，神昏不语，两脉沉伏，势极垂危，与父商量后，为之针少商、中冲、少泽出血，复刺合谷、曲池、委中，其脉立出。又为处方大承气汤，得大下而愈。后沙洲一老人患阴霍乱，六脉已伏，体已僵，气如游丝。家人皆悲叹，恐不救矣。承淡安将病人平卧，暴露腹部，用丁桂散加麝香分许，满置脐中，用大艾炷灸之。共灸30余炷，胸腹部渐温，呼气稍壮。更灸之至四肢温、六脉出而止，计烧去艾绒四两余。脐周之肉灼至溃腐。后为之敷玉红膏而愈，家人惊呼神医。

承淡安不仅医术精湛，还有一颗宽厚仁慈之心。贫寒的出身，艰辛的生活体验，使他具有一腔款款恤民深情。行医伊始，他为人治病时，总是尽量少用药，少用贵药，对贫苦患者更是细心斟酌，多用便宜药。他对登门求诊者，经常免收诊金，对无力支付药费的患者，不仅免费送药，有时还给予钱物救济。有一孔姓患者，29 岁，生活艰难，一日外出归，头甚痛，恶寒发热。承淡安诊之，脉浮而舌白，为之针风池二穴，又针风门二穴并灸之。逾两时许，遍身汗出而愈。其并未服药，仅饮承淡安所赠之生姜红糖汤。他为患者诊治时，非不得已用草药和西药外，多用花钱少、疗效好的针灸施治。一日，徐家来人急促登门，邀承淡安及其父针其弟，承淡安父子往诊。病家说，从田间归，猝然寒战发热，顷刻不能动转，周身疼痛。承氏父子心中有数，为之针少商，尺泽、委中出血。紫血出后即能转动，又针合谷、曲池、肩髃、阳陵泉、绝骨、昆仑、环跳、人中，病即减轻。后予以阿司匹林服之，当日即汗出而愈。

针灸医术精湛、年轻厚道、体恤民情的承淡安，深受乡民的爱戴，医名日隆。

20世纪一二十年代，受西方实证科学思想及民族虚无主义思潮的影响，由北洋政府和国民政府先后发难，开始出现排斥、反对乃至取消中医的逆流，而且愈演愈烈，使中国传统医学受到严重摧残。尽管全国各地中医群起抗争，力挽狂澜，中医得以继续生存，但在西医的冲击下，局面仍然惨淡，针灸受害犹深。清道光二年，清政府以“针刺、火灸，究非奉君之所宜”的谬论为由，下令：“太医院针灸一科，着永远停止。”从此针灸学转向衰微，仅在民间流传，只是不绝如缕而已。现又遭打击，命运危矣。在民众中，很多人甚至不晓得医中还有针灸治病的事情，更谈不上针灸的医疗需求了。承淡安慨然以羸弱的双肩担起针灸颓败的命运，挽狂澜于既倒，矢志不渝地为针灸事业继承和发扬光大倾尽绵薄之力。

1928 年夏，为传播针灸学薪火，承淡安与医界同仁季爱人、祝曜卿、朱藕令、杨汉章共同开办苏州中医学校，校址设在王枢密巷，承淡安担任生理与针灸两门课的教学。他夙兴夜读，认真备课，悉心教授，传道解惑。其在课堂朗朗而谈："针灸乃我国绝学，古昔医家，莫不熟络之。以其沉芥宿锢，汤药所不能愈者，每能起之；卒暴厥逆，汤药所不能及者，每能生之……"学生听之，心向往之。教学相长，承淡安利用此机会，编写出他的第一本针灸学讲义，不仅总结了医诊实践，使之上升到理论高度，而且为他以后开展针灸函授教育积累了经验，打下了基础。

由于时世艰难，生源严重不足，经费难以筹措，学校开办不到一年便停办了。好端端创办的中医学校停办，让心存鸿鹄之志的承淡安遭受了挫折。正当这种挫折感噬啃着他的心灵时，承淡安的爱妻吴玉英不幸罹患肺病，离他而去。这种屋漏偏逢连阴雨式的接连打击，无疑是沉重的。“三军可夺帅也，匹夫不可夺志也”，承淡安勇敢地面对挫折，承受命运的磨难，表现出“志行万里者，不中道而辍足”的执著个性。正是他温和性格中的另一面，即坚忍不拔，成就了他作为振兴针灸先驱的历史地位。

有感于针灸医术的独特价值和医界针灸人才绝少的现状，承淡安决意公开针灸秘法，广纳后学，推广针灸绝学。他于1929年雨雪霏霏的初冬，将与杨汉章合办的诊所迁至望亭。到望亭不久，一次出诊归途，距车站二里许，他见一男子倒卧铁道旁，吐泻污物满地，气息奄奄欲绝，围者甚众。一针医为之针中脘、承山等穴。承淡安问："有脉否?"曰："已无。"他令人将其移至净地，观其舌，红中带紫色，齿龈亦紫色，掐之尚发白。承淡安说："可救。"因十宣等穴俱已刺过，遂出三棱针，为之刺尺泽、委中等处之紫络，出黑血盏许。又刺人中、中脘，病者知痛而苏醒。承淡安告之，霍乱也。10 分钟后，患者两脉渐出，吐泻亦止，被识者抬回家。围观者击掌欢庆，呼曰："扁鹊再世矣!"承淡安亦医名大噪。不久，承淡安被请至俞家，诊一 19 岁、患癫痫已数年的男子，患者神呆不灵，行走时常倾跌不苏，吐白沫，语无伦次，入夜则肢挺如尸。承淡安为之针大陵、神门、间使、后溪、人中、中脘、照海等穴。数日针一次，病遂未发。承淡安感悟于针灸之用，遂许立弘扬之愿。1929 年，承淡安在苏州望亭创立了中国教育史上较早的针灸函授机构——中国针灸学研究社。他认为，“针灸之功效，既广且捷；针灸之施用，亦便亦廉；易于普及，宜于人众，允为利民之国粹，实有推广之必要。”

工欲善其事，必先利其器。器者，好教材也。为了提高教学质量，承淡安反复修改充实他在苏州中医学校任教时编撰的针灸学讲义，1931年秋，《中国针灸治疗学》出版。承淡安在《中国针灸治疗学》的序言中说，辑成此书，“借便学者之探讨，或拯斯道于不替，幸积学之士，予以匡正，俾我国数千年特独之医术，得标扬于世界，岂个人之私幸也哉！”其编撰此书的意义深远，其研究成果亦得以问世。承淡安的喜悦之情，溢于言表。此书甫一发行，即受到社会各界好评，不到一年时间，就再版两次，一时洛阳纸贵。至1937年，六年间连出八版，乃前无古人。中医大师张赞臣读后，大为赞赏，有诗为证：

一

锡山隐迹自年年，
救世异于丹鼎缘。
别有名山事业在，
针经一卷渡无边。

二

茫茫医海苦无边，
名世谁能绍古贤。
为羡君家方术异，
金针度处亦延年。

出书时承淡安便申明，愿为读者答疑解惑，保证学习效果。

当时，来望亭有志学针灸者络绎不绝，致使承淡安在望亭租住的房舍不敷使用，其旋于春节将声名鹊起的中国针灸学研究社迁至无锡。此后，他成立针灸讲习班，开设专门学校，办针灸门诊，印行图书，改造针具，筹建针灸疗养院，事业红红火火，蒸蒸日上。

承淡安深知，针灸乃济人之术，是天下之公器，不能独善其身，不能秘其私，更不能谬种流传，误人子弟。他视信誉为生命，极为重视教学质量。对通函学生，义务指导，有求必应，有问必复。得到承淡安的悉心指教后，不少学员学有所成，在各地行医，取得不少明显治验实例，并纷纷以信函形式将收获向承淡安报告。

1930年，无锡城乡爆发流行性脑脊髓膜炎。承淡安对此病之针术治疗，既无师承，又无文献可据。洛社学员张南田所居之地正流行此病，死亡相继。其询问有无治法。承淡安因思针术有降低脑压与镇痉之效，乃复曰：从颈椎第七节至胸椎第九节，每节一针，行泻法；自项侧风池穴起，至背侧胆俞穴止，各泻一针；前胸璇玑、膻中、上中下脘及合谷、外关、十井，下肢委中、承山、昆仑、行间、内庭，各泻一针，并灌服紫金锭。嘱其试行，嗣得报告，谓病起即针，一次而热退痉止，稍迟者两次，病一周以上者，有愈有不愈，全治数百人。针术于此病实有治效。承淡安主张，此病用新药作主治，针灸作辅治，当可缩短病程，减少死亡。实践证明，承淡安的意见颇为正确，学员张南田云受益匪浅。承淡安还精心整理学员的成功治案，编成《针灸治疗实验集》出版，影响颇大。但此法只限治案交流，局限较大。“学术以愈研而愈精，墨守旧章，莫由演进。”承淡安胸怀广阔，具远见卓识，认为无名师指授，无医理支撑，数千年古圣相传之心法，行将湮没不彰，创办专门杂志是传承发展针灸的好方法。

1933 年 10 月 10 日，在承淡安精心策划、充分准备的基础上，《针灸杂志》正式创刊。杂志栏目丰富，设论文、专载、杂著、社友成绩（自第三卷第一期改名为“验案”，后又改为“验案汇编”）、问答、医讯（后改为“社讯新闻”）凡6个栏目。《针灸杂志》创刊之初，两月出刊一期。为提升杂志的理论性和学术性，自第二卷第一期起，逐步增加针灸著作专载和医理研究的内容。

《针灸杂志》的创办，对针灸医术在中国的广泛传播和推广，对中国针灸学的继承研究和发展，起到了不可磨灭的作用，为业界所公认。

岐黄昔日几蒙尘
铎声渐远播东瀛

博学而不穷，笃行而不倦。承淡安振兴针灸的夙愿，得以初步实现，但志士不忘在沟壑、心存高远的禀性，并没有让他沉醉其中。针灸振兴，任重道远。承淡安始终保持着众人皆醉我独醒的冷静。

当时，国内轻视针灸，振兴针灸举步维艰，倒是日本和西欧颇为重视针灸，积极研究，多有进步。特别是邻国日本，从我国引进针灸之后，“上下提倡，极一时之盛，举国风行。”他山之石，可以攻玉，承淡安对日本发展针灸极感兴趣，决心亲自实地考察，取回真经，以裨益自身。他表示：“彼日本针灸之昌明，究何法以致之，其学校之设备若何，教授之章法若何，吾必欲证实之而后可。”

东渡之前，学贯古今、医名远播的承淡安向丝厂中的朝鲜技师学习日语，并将一切安排妥当，于甲寅（1934）年秋，冒着蒙蒙细雨，登船驶进茫茫大海，前往千里之外的东瀛岛国游学、考察。承淡安不谙出国手续，船抵长崎，因未办护照，不许登陆。所幸同行者在日的舅父作保，方得入境。

在东京，承淡安每日往青年会实习日语，并由其介绍入新宿区的东京高等针灸学校甲种研究科学习半年。期间，承淡安携中国针灸研究社出版的图书和教学挂图，拜访校长坂本贡，切磋交流。一次，校中一同学突患重疾，师生束手无策，承淡安一针治愈，校长对其甚为器重。校方知承淡安乃针灸行家，遂赠两年毕业之博士文凭。坂本贡院长以接待贵宾的最崇高礼节，偕夫人与承淡安合影留念，又在日本最豪华饭店“雅叙园”设宴欢送承淡安。坂本贡还陪承淡安优游日本及朝鲜，观览名胜，以示盛情。

在日期间，承淡安虚心学习，常与同道进行直接交流，有时假以看病为名，对日本的针灸治疗、针灸器具实地考察。日人信仰针灸，故针灸医生甚多，几无一街不设针灸医院。承淡安曾去东京一家享誉最高的针灸医院，接受中风预防之灸。至上午九时，挂号已至480名。他于黄花初绽之时赴长崎，见针灸广告林立。

一长二尺五寸、宽一尺五寸的长木板上，绘一人体背形，画灸点数处，上书“家传名灸”，悬于檐下。其有特效古法灸，甚少用针，市人信之甚笃。日人事事不甘人后，以标新立异为荣。一针之微，以其针柄之形稍为改变，即自成一派，令承淡安哑笑。日人下针方法亦为三派：捻针、管针、打针。当时最流行者为管针。

管针下针不痛，却极为不便，适用于妇女、

小儿及畏针者。中国针灸重补泻迎随之说，遵爪切循努之法。日方则对经络学说废弃不谈，为记忆之便，仍以十二经为系统。对阴阳、原络等说，只字不提。承淡安还以诊病为由，到福冈名灸医高田喜多处参观。

高田喜多为人诊察后，于应灸之所用墨圈点，命病人卧灸席上施灸。其灸法不用布隔，热度不甚高，艾条无药，松软不结实，灸后颇觉舒适。承淡安回国后，将考察结果刊在《针灸杂志》上，以飨同好，亦便交流。

1935年初夏，承淡安告别樱花如霞的日本，乘舟回国。他带着浓郁的思乡之情，心如浮云沧海。船上载着他从日本购得的人体神经图、铜人经穴图、针灸器具，以及中国已经失传的全本《十四经发挥》等一批医学典籍。遥遥祖国，茫茫归途，踌躇满志。这次日本考察，承淡安不仅欣赏了出墙的花，更坚定了强壮针灸根基的信念，尤其促使他开始着手全面整理针灸学术文献。

此后，他还托梅兰芳先生在访日期间收集针灸资料并亲自翻译，以飨国人。其译著有《经络治疗讲话》、《经络之研究》、《针灸真髓》等。

归国后，承淡安审时度势，结合在日游学考察的心得，对中国针灸学研究社进行调整充实，决心逐步将之发展成国内规模最大、设备最完善的针灸学术研究机构。

1935年，承淡安刚返故里，即与谢建明、张锡君诸人筹谋，创办中国针灸讲习所。所有课程除参照日本办法外，增设内经、医论二科。他还聘广西学生罗兆琚、浙江学生邱茂良以及有医学基础而能针灸者为助。承淡安接受无锡、苏州办医事业的教训，认为无经济基础，则难以持久，而不办学，针灸学术难以振兴。于是，他罄其所有，拿出两千元开办费，又延请罗兆琚、邱茂良等6人同为办社人，无须他们出资。

若能从销售图书、针具中获利，除奖励外，皆为扩展公积金。

诸人通力合作，共谋发展，以社为家。半年经营，进展迅速，外埠通函学员激增，来校学习者亦多，续开两班。校中添聘中西医多名。他还邀请中央国医馆馆长焦易堂、副馆长陈郁及当地政要和实业界闻人薛鸣剑等为校董，一时间学校阵容庞大显赫，办得风生水起，日臻隆盛，成为当时最具影响力的中国针灸人才培养基地。后因政府欲取缔中医，加之承淡安患腿疾，离校返乡调养，是年初冬，校中业务废弛。重病在身的承淡安闻讯，命人将自己抬往课堂，亲作表率，于是教员不敢再有荒怠。

此后，承淡安抱病扩充讲习所规模，添办两年毕业之本科，改为针灸专门学校，添设图书馆、针灸疗养病房等。于 1937 年江南草长的春天，承淡安毅然将所有公积金、扩建金以及自己两年多的图书版税金全部投入扩建，动工建筑三层大楼与大礼堂。

就在承淡安和他的同仁们满怀信心，大展宏图，准备把振兴针灸大业推向新高潮时，抗日战争全面爆发，学校未能开学。凄风苦雨中，校舍荒草萋萋，承淡安振兴针灸的良苦用心，如浩浩长江，付诸东流。

国难当头不事寇
几经忧患心不歇

承淡安自幼受传统文化影响，儒家思想熏陶，青年时期接受驱逐外辱、强国富民思想的濡染，对日本占据我东北，侵我华北之巧取豪夺义愤填膺。游学日本时，他目睹日军侵占东北，犹感心耻，激发“国家兴亡，匹夫有责”及与国家共存亡之爱国热情。日军占领上海、逼近无锡之际，承淡安见镇江以东无险可守，又虑日军到来，以自己曾游学日本为据，逼己为其效命。承淡安宁死不为日军驱役，当千夫所指的汉奸，坚决不从母亲要他留下之命，偕妻子于星夜冒着凄凄寒雨，在忠孝不能两全的痛楚中，乘小舟西行，表现出高尚的民族气节。

承淡安抵常州时，青阳港已失陷，遂到镇

江乘最后一班车到南京，中途遭敌机轰炸，又转道芜湖，再经九江，奔南昌樟树，溯江赴长沙，再至桃源，暂落脚于一学生家，才算歇息。

承淡安离家时，仅携带一些针具与一本《针灸治疗学》，以备急需。他一路以行医为生。翌年春，应桃源医家之请，承淡安开办为期三个月的针灸讲习班，虽体力未复，仍每日讲课两小时。

嗣后友人从重庆来信，谓国医馆长焦易堂左臂不能举，久治不愈，到处寻承淡安诊治，他遂有入川之举。承淡安到渝即拜见焦易堂，每日为其针治。君子莫大乎与人为善，承淡安性本善良，以诚助人，重情重义，为后人所敬。他为焦氏针病，不以为苦，却不堪与聚集于渝的一干闻人政要周旋应酬之苦。焦氏病愈后，承淡安为避喧嚣，托词转赴成都，设立诊所，旋即设针灸义务指导班。

夜间上课两小时，连开四班，以川西学者

为多。又因非医人员来学针灸者甚众，遂设针灸讲习班。其时有福建学习针灸者，来信谓其乡近百里鼠疫盛行，死者无数，要求指示针灸及药物治法。

承淡安复函，告以在每个淋巴肿块上用三棱针刺放黑血，敷上中药紫金锭，并内服0.9g，日服二三次，并在尺泽、委中部放血，针曲池、合谷、外关、足三里、内庭诸穴，继于十宣放血。数月后得其报告，谓经过上法治疗，都未死亡，痊愈者甚多。到川后，承淡安辗转播迁，不敢稍自暇逸。“虽所学非精，不敢遽言行远垂久”，然中医界因其办讲习班，相从研究者，计可逾千，通函讨论者，数将近万。后来成为名医的薛鉴铭、戴念方等，皆系该班学员。承淡安见湮没不彰之祖国针灸遗珍得以渐广流传，宏其治病利人之效，稍慰于怀。

1940年初夏，承淡安应南京市前中医讲习所主办人陈逊斋之邀，去广安授针灸课。陈逊斋学识渊博，健谈善文，常就针灸之道与承淡安相互交流，相得益彰。返蓉后，承淡安又应邀开办针灸讲习班、中西医讲习班，任针灸、内经课教师。后因伤寒课教师他去，承淡安又讲伤寒课，得学员之助，编成《伤寒针方浅解》（后改成《伤寒新注》）一书。

1943年，承淡安除行医外，还担任四川国医学院针灸科教授。又两年，入川9年后，承淡安偶得家书，悉母病危重，虽回家见母心切，但不愿做敌伪顺民。其弟曾劝他给江阴伪县长写信以求通融，终因不齿伪县长变节事敌，不但不与之通信，且不作归里省亲之计。自此承淡安再未见老母，也没有为母送终，心殊不安，愧疚终生。抗战胜利后，承淡安才重归故里，回到阔别10年的无锡。

山河依旧，物事已非，往事不堪回首。承淡安自忖，除在川西北一带培养了几百名针灸学员，堪无羞愧外，并无成就，徒浪费生命，因之黯然。承淡安为维持生计，迁居苏州。此时，他心力交瘁，体弱多病，已无再图复社的壮志，勉能助其妻姜怀琳发展痔瘘科业务。后开设怀安诊所，聊度岁月。

一代先驱开大业
倾心早见绘明堂

1949年中华人民共和国成立后，旧貌换新颜。各地交通恢复，社会秩序与物价均趋稳定。经历过风雨如磐的承淡安，满怀喜悦地迎接新生活。他于年底，挽学员王野枫等二人再谋复社及《针灸杂志》复刊。时工作进行等于初创。呈准苏州卫生局备案后，承淡安于1951年开始工作，又因经费不足，不能邀同道邱茂良来社，只能与其函牍相商。终于承淡安在同道共同筹划下，克服困难，规复社务。《针灸杂志》亦如期复刊，每双月出刊一期。

此后，他又将杂志社章呈苏南行署、上海华东卫生部备案，皆久久未得具体核复，而社务则日趋发展。承淡安先后聘黄学龙等三人为副社长，并增聘事务人员数人。他仍采取过去以社养校之办法，为举办针灸学校、针灸实验院奠定基础。但由于当时认识水平低，不懂新政策，只顾按旧章办事，与政府缺少联系。并且，华东苏南政府忙于经济恢复，对针灸也无明确政策，承淡安的工作不能放开手脚，为此他觉得有劲无处使。

1953年春，病体稍愈的承淡安利用诊余，对针灸讲义复加修订，并将研究计划呈报苏州卫生局。一俟核准，即设观察病床20张，吸收病员，从事治疗工作。1954年夏，晋省开会，政府要他参加筹办学校及医院等工作，并指示针灸社停办。也是在1954年夏，承淡安到宁参加中医代表大会，从友人马泽人处得知，自己已被选为江阴县人民代表，心弦为之一震。

承淡安平素喜静，爱独处，不太参加社会活动，且离乡多年，如何被选为人民代表，是否有误？他左思右想，实难相信，一夜未眠，后问好友曹鸣皋，曹说：“江阴县医界有贺电发出，不会有误。此是光荣任务。”不久，承淡安果然接到贺函和省人代会通知。于是诚惶诚恐地进宁出席会议。会间，他体会到政府倾听人民意见，为人民办事真诚，极为感动，更增强了为人民服务的热忱。9月，承淡安到省中医院工作，10月被任命为江苏中医进修学校校长。他自知学校是培养中医师、培养省中医界新生力量的殿堂，负有发扬中医学的重大责任，主持这样的工作，任重道远。只是病魔缠身，身不由己，而上级对他特别照顾，承淡安心怀愧疚。1954年冬，参加中央第二届政治协商会议时，他荣幸地和毛泽东主席握手交谈。1955年夏天，中国科学院又任命承淡安为学部委员。这一连串的荣誉，使他精神振奋。

承淡安更加勤奋地工作，他提出的振兴针灸的宏伟设想，得到领导的高度重视和同仁的普遍赞同，并被很快付诸实施。到1956年底，江苏中医进修学校在江苏、上海的29个县市举办了32期针灸学习班，结业学员2282人。根据承淡安的建议，江苏省还于1958年在南京建成融医疗、教学、研究于一体的针灸实验医院，实现了他的多年夙愿。这期间，承淡安还不忘学术研究和著述，出版了《中国针灸学讲义新编本》。全面反映承淡安针灸学术思想的专著《中国针灸学》也相继出版。嗣后，他的译著《经络之研究》、《针灸真髓》问世。《伤寒针方浅解》更名为《伤寒论新著》并出版。

承淡安一生注重对中医的研究。直到去世前，承淡安还在为捍卫中医研究工作的正确方向而奋斗。他发现《健康报》连续两期刊登《中医研究工作中的几个问题》一文中，有不少错误的观点，遂不顾重病缠身，著文批评文中的不正确观念，不仅体现了他精深的医学造诣，更可看出他捍卫真理的坚定信念。他在文中指出，西医进行中医研究工作，首先应该明确，中医和西医的理论体系不同，治疗的规律和方法也不同。既然是做中医研究工作，就不能不正视中医的特点，不能不学习中医的理论。中医治疗的特点是根据中医理论体系，应用“四诊”、“八纲”来“辨证论治”。要根据证候群，并参酌病人的体质、生活情况，以及时令、气候、地域等客观情况，然后定出处理方法，不是用一病一药或一病一方的办法所能解决的。所以有许多疾病，在查不出病因、定不出病名、西医无法施治的情况下，中医往往能治疗有效，就是凭“辨证论治”的规律处理的结果，而“辨证论治”又是以中医的理论作根据的。那种不学习中医理论，单纯以西医观点来对待问题，因而把祖国医学理论的研究问题，剔出了中医研究工作之外，认为中医研究的中心工作，就是肯定疗效，认为中医的理论体系，应该在肯定疗效以后再去研究，认为找理论根据的工作“不怕没人做，我国的医学家会抢着做，全世界的医学家也会抢着做”，认为“只要疗效肯定了，关于理论体系的争论，全部都会迎刃而解”，都是错误的。对此，承淡安说：“这些，在我们中医看来，实在是本末倒置，而且也把历代祖先在中医学方面的辛勤创造，看得太微不足道了。”针对有人说：“具体做中医研究工作人员的条件，必须是具有高度科学水平的第一流的西医专家。曾经做过西医研究的才能做中医研究工作，否则是不会出成绩的。”因而，主张“中医研究院和全国高等医学院校都应该有一批专题研究医师的名额……轮流在全国范围内聘请有特殊专长的中医，来做专题研究的工作……”的错误认识，承淡安予以批驳。“试问，具有高度科学水平的西医专家和世界医学专家们，如果不具有中医理论基础，如何能全面了解中医学，如何能掌握中医的治疗规律？这样的做法，欲求其肯定疗效，恐怕也不可能，如何能做中医研究工作？”“我们并不反对用现代科学方法整理祖国医学遗产”，“现代科学，在目前还不足以能够完全解决一切问题，所以中医学中尽管有许多还不能以现代科学解决的问题，绝不能便因这一点而一概否定，不予研究”。承淡安还指出，想借科学二字来概括一切、衡量一切的办法本身就是不科学的！这表现了承淡安对中医研究工作的科学态度和远见卓识。

灵枢启秘经络说
古奥针理新阐释

承淡安毕生以振兴针灸事业为己任，呕心沥血，精研古籍，衷中参西，对与针灸相关的理论问题，形成了独特的思想与主张，建立了一套针灸学理论体系。

承淡安曾著文说："针灸乃我国绝学"，"神效奇验，远胜药石"。欲求针灸治病的学理，必先弄懂中医学术的基本学理。中医学理，是建立在营卫气血和阴阳五行上面的。而营卫气血、阴阳五行的凭借，则在人体组织的脏腑经络上。中医的生理概念，更着重于"精"与"气"两个生命元素。所以中医治病，首先必须研究患者体质的强弱，再从辨证中确认某经的变动，再根据其变动原因，对"阴阳虚实"、"表里内外”予以适当调整。也就是客观地从病候的变动，观察病理的机制，根据其变动的基本原因，而予以调整的。由于治疗法则是直接的、整体的，故收效迅速。

要研究针灸治病的机理，首先要把中医学的理论搞通，从临床上去摸索证实，否则，阴阳、五行、营卫、气血以及经络，是不易使人理解和相信的。为此，承淡安于1956年发表了《针灸治病的学理》一文，对营卫气血的生理概念、脏腑与经络、阴阳五行学说在针灸治疗上的运用等深奥的针灸理论，借用现代语言作了重新的阐释。

首先，阐明营卫气血与人体生命活动的关系。承淡安认为，营卫气血，统称气血。中医学说每以营为血，卫为气。又有先天的气血与后天的气血两种。心肾的机能有先天的意义，脾胃的机能有后天的意义。如先天的气血和后天的气血消耗过度，以致真元殆尽，生命也就告终了。

因此，气血是人身上最宝贵的东西，能给予人生命力的支撑。各个脏腑器官都有它的本气。经络也有各自不同的经气。“气为血之帅……血无气不行。”气是看不到的，所以西医很少讲中医所谓的气。但中医对气十分重视。在针灸治疗上，承淡安特别强调可以得气与不得气，从而区别出其疗效的强弱和治与不治。各种气都是保持平衡的，太过与不足都足以致病。

至于营卫的循行路线，承淡安认为，固然离不开血液循环系统，但是还有它的主要通路，可以说是生命力和生活力的补给线。

营卫的循行路线，并不即等于血液循环，或许还包括神经系统、淋巴系统、内分泌系统，以及有管腺、无管腺等液体循环在里面。尽管目前尚无肯定性结论，但营卫气血循行路线，古人称它为经络，已得到科学的证明。

承淡安进一步阐释经络的概念，认为人体所有一切，不论内脏器官、五官、骨骼、皮肤甚至毛发，都有相互关联并有所属关系。中医的经络学说，是对人身一切组织直接、间接密切关系的反映。也就是说，内脏与机体百骸之所以能够息息相关者，主要是在于经络为之沟通连属和补给营养，周转循环的关系。所以中医学对经络的概念是："能决生死，处百病，调虚实。"承淡安认为，经络理论与藏象学说一样，都是中医基础理论的重要组成部分，更是针灸学的基石。经络不但是营卫气血的循行道路，负责所管辖之领域内所有组织、脏腑的新陈代谢，而且对生长等生命现象，也有调整平衡、补给缺损等作用。所以经络能够处理百病、决定生死。

从针灸治疗来讲，承淡安认为，针灸是由对皮肤与肌肉的刺激，而达到治疗的作用。针灸的物理刺激，虽然并未直接施行于脏和腑上，而内脏的病态却往往因刺激经络穴位立获治愈。以神经学说来解释，固然有些地方可以说明疗效问题，但是仍然还有些含糊的和不能圆满理解的地方，以致不能完全以神经作用来彻底理解其疗效问题。古人虽然没有了解到神经，只谈到经络和血管，但是以经络学说来解答疗效问题，无论从理论方面，还是从实际传导和疗效方面，都能自圆其说。经络的本态意义，或许就是中医所讲的“气”的意义。

在承淡安生命的最后一年，他还殷殷叮咛：“针灸界应首先学习研究经络学说。”他说，针灸为中医十三科之一，故全部中医的理论体系，都是针灸的理论基础，应该学习研究，而针灸界必须首先学习的，则为经络学说。承淡安还严肃批评了针灸界不虚心钻研、抄袭套用、投机取巧的不正学风。

三个月后，承淡安已快到生命尽头，还带病撰写了极具重要意义的《对经络的初步认识》

一文，对经络的概念、经络的分类、奇经的分类、经穴的分布、经络与证候的关系，作了科学的既有理论意义又有实践意义的精辟论述。可以说，该文凝聚了承淡安经络学说的精华，是承淡安经络学说的绝唱。

关于经络的概念，承淡安认为，《黄帝内经》中已有对经络的记载和阐述。针灸疗法的治疗法则，也一直离不开十二经络的循行分布。针灸治疗时，患者体内所发生的针下感传（刺针时的感觉），如压重、酸、麻、胀、痛等，其放散传达的径路范围，常常与古经络循行范围较为符合。

在解释经络是什么时，承淡安认为，经络既不是血管，目前阶段我们也不能肯定它就是神经系统，甚至无法确实证明经络是否具有实质性的存在。但根据临床经验，古人说的十二经循行的径路，至少在功能方面，可以认为是有规律的，系统地存在着这样的通路。这是一种可贵的实事求是的科学态度，也体现了承淡安治学的严谨精神。

对经络的分类，承淡安认为，经脉总分为正经和奇经两类。

正经有十二条，奇经有八条。正经是体内正常气血运行的道路，奇经是气血过剩而溢出于正经以外的宣泄之所。譬如水道的流行，一个是干流，一个是支流，又如有了沟渠的设备，可以防止水泛滥。正经之外，复有奇经，也就是这个意思。关于正经的分类和它的分布情况，《灵枢·经脉》有具体的叙述。滑伯仁的《十四经发挥》中说："凡人之手足，有三阴脉，三阳脉，以合为十二经也。""手之三阴从脏走至手，手之三阳从手走到头。足之三阳从头下走至足，足之三阴从足上走入腹。"

十二经的脉气循行，是相互联系循环不息的。所以《灵枢·经水》说："凡此五脏六腑十二经水者，外有源泉而内有所禀，此皆内外相贯，如环无端。”十二经脉的分类称谓和排列：一是手太阴肺经，二是手阳明大肠经，三是足阳明胃经，四是足太阴脾经，五是手少阴心经，六是手太阳小肠经，七是足太阳膀胱经，八是足少阴肾经，九是手厥阴心包经，十是手少阳三焦经，十一是足少阳胆经，十二是足厥阴肝经。

对于这样的称谓和排列，承淡安说，里面还有几个问题需要解释：其一，经脉的名字为什么要分别手与足，及脏与腑相联系？这就是说，根据各经所走的区域，在上肢部分的便称手某经，即用该脏器的名称来作为该经的名称。其二，为什么要有这样的一个排列和阴阳的区别？关于排列可做两点解释：一是根据经脉循行次序排列的，表示从开始到终了，依着次序而连续的意思；二是各条经脉跟其所属的脏腑相互表里的关系。至于阴阳的区别，则因古人以五脏属阴、六腑属阳的缘故。同时，也有表里关系存在其间，而以表里相对类型来排列的，例如肺与大肠相表里，肺是里，大肠是表；脾与胃相表里，脾是里，胃是表；心与小肠相表里，心是里，小肠是表……总之，阴属里，阳属表。

关于奇经的分类问题，承淡安认为，《十四经发挥》中说："奇经有八脉，督脉督于后，任脉任于前，冲脉为诸脉之海，阳脉则维络诸阳，阴脉则维络诸阴，阴阳自相维持，则诸经常调，维脉之外有带脉者，束之犹带也。至于两足跻脉，有阴有阳，阳跻则诸太阳之别，阴跻本诸少阴之别。譬犹圣人图设沟渠，以备水潦，斯无滥溢之患。人有奇经，亦若是也。"所以奇经八脉除了在十二正经中循行周转之外，还有其自身独特的作用。

总起来说，全身的经络，有十二经的循环无端，周行于身体的内外、上下、四肢，还有奇经八脉相互的联系，与十二经起调剂盈亏的作用，共同维护身体的健康状态。

关于经穴的分布，承淡安说，在《灵枢·九针十二原》中已经明确指出经穴的意义和重要性。经穴是经脉的脉气所渗灌的交点，是神气运行出入的场所。

所谓穴，又称孔穴，是针灸施治的一定部位，它分列在经络上面，故称经穴。它的分布是：肺经11穴，大肠经20穴，胃经45穴，脾经21穴，心经9穴，小肠经19穴，膀胱经67穴，肾经27穴，心包经9穴，三焦经23穴，胆经44穴，肝经14穴，督脉28穴，任脉24穴，凡364穴。在8条奇经中，除督脉和任脉都有奇穴，独行于正经之外，其余脉没有独立穴位。还有部分治疗上的敏感点、压痛点等，就是古人所称的奇穴和阿是穴。在针灸治疗过程中，又创造和总结了不少经验，分别确定了俞穴、募穴、五输穴、十二原穴等。这些穴位能够详细地反映内脏器官的异常疾病现象，具有特殊疗效。

在谈到经络与证候的关系时，承淡安认为，大凡疾病的发生，主要是由于感受外邪，或是内部的异常变化，但病态的表现，有一定的规律和一定的范围。因经络布满人的全身，所以病的征象，也就在经络上有所表现。古人把病候分条归纳到经络方面，具有深刻的意义。

经络学说是中医的精粹之一，它的重要性，连以药物治疗为主的医学泰斗张仲景都说："凡要和汤合药，针灸之法，宜应精思，必通十二经脉。"知道361孔穴，营卫气血，知病所在，宜沾之法，不可不通。由此可见经络学说的真正价值了。针对当时医界对经络学说普遍存在怀疑态度，承淡安说："据我个人不成熟的看法，中医经络，可能是人体另一种感传机能系统，也可能是高级神经活动的一系列机能关系的规律。"这一论断尚有待科学的证实。但承淡安探索针灸的勇气和超常见识及科学态度，令人无限敬佩。

针药并举辟蹊径
临床疗效重验证

承淡安作为一代针灸名师，强调知识是相互关联的，只有广博，才能精深。他在潜心研究针灸医理医术的同时，也很重视药物，特别是中药在临床实际运用中的价值，形成了他自己针药并举的学术观点和临床治疗特点。

承淡安出身中医世家，其祖父承凤岗专治小儿病，兼为小儿种痘。其父承乃盈擅外科、儿科、种痘、针灸等。承淡安多年随父侍诊，行医抄方。从医之初，以中西药为人治病，诊余及深夜阅读大量中医典籍，同时结合自己的临床实践，记录了大量的心得体会。即便是创立中国针灸学研究社之后，他深研及推广针灸之术，仍热衷于对中药的学习和研究。特别是抗日战争后，承淡安入川近10年，除授针灸外，还讲《伤寒论》等中医经典。教学之需和川地中药丰富的资源，激发了承淡安研究中医药的热情。

他对《伤寒论》、《金匮要略》等医典的处方用药渐有心得见解。如对于《伤寒论》中太阳病禁忌的认识，补仲景原不备，阐前人之未发，为临床治疗提供了广泛的途径和经验。如果我们研究他的临床实践，常常可以发现以中西医药辅助针灸的验案。

1929年夏，杨润生延请承淡安为其子治暑厥一证。见其四肢厥冷，两目上视，神昏不语，脉数无伦。为之刺少商、关冲、尺泽、委中、涌泉、中脘数穴而苏，复以祛暑丹三丸而愈。此丹，承淡安之父常用，与针灸合用，有奇效。无锡望亭尚家桥俞长志，年近五十，患少腹痛。自觉有气攻少腹，惨痛欲死，冷汗淋漓，六日未食，奄然待毙，请承淡安诊治。曰“此冲疝也。”在脐上用三角灸法，及灸关元与太冲，其痛立止。承淡安又处金铃子散以善其后，疗效甚好。

1926年，在北涸，承淡安侍其父治一黄氏之子，急惊甚剧，目上视，背反张，四肢牵引，身热不哭，脉浮数。为之针大椎、水沟、中脘、曲池、承山等穴，惊搐遂平。承淡安又处散热定惊之剂，痊愈。

一邻家之子3岁，患呕吐泄泻已半月余，面青眼泛，鼻出冷气，四肢厥逆，脉细无神，家人以为不治而悲泣。承淡安给予艾绒一大团，用墨在小儿腹上点关元、天枢二处，嘱其用艾自灸。翌晨复来，面有神采。其母谓灸后即四肢温暖，呕吐泄泻俱止，欲吮乳矣。唯灸处溃烂，承淡安为之敷玉红膏，并出一药方与之调理善后，不久，痊愈如常。

又如，承淡安在治疗鼠疫时，要求针药并用，以三棱针刺淋巴肿块，放黑血，敷上中药紫金锭，并内服 0.9g，又在尺泽、委中部放血，再针曲池等穴，疗效甚好。在尚无青霉素等新药的时候，实属效方。

承淡安不仅临证针药并用，救危急于瞬间，而且进一步总结，提出了一些针药结合的诊疗规范。

如针药治霍乱。证象：肠胃绞痛，或吐或泻，四肢厥逆，汗出而冷，面唇青色，爪紫螺瘪，腹痛转筋，两目失神，脉细或伏，舌或白或紫或黑，或恶热，口渴，但舌润，渴不多饮。治疗：神阙灸 7 壮。委中针入五分，留捻 1 分钟。中脘针入五至十分，留捻 2 分钟。合谷针入三至五分，留捻 2 分钟。太冲针入三分，留捻 1 分钟。吐者：加针内关，针入三分，留捻 2 分钟。泻者：加灸天枢五壮，章门五壮。阴陵泉针三分，留捻 2 分钟。昆仑针三分，留捻 2 分钟。转筋：加承山，针入三至四分，留捻 2 分钟；绝骨针入三分，留捻 2 分钟。药物治疗：

藿香4.5g，苏梗6g，川朴3g，茯苓9g，苍术3g，半夏4.5g，煎汤服。

如针药治温热病。证象：微恶寒发热，头微痛，胸痞，自汗或无汗，或见鼻衄，舌黄或白，脉浮数。治疗：鱼际针入三分，留捻2分钟。经渠针入二分，留捻1分钟。尺泽针入三至五分，留捻2分钟。二间针入一分，留捻1分钟。药物治疗：豆豉9g，葱白3枚，桑叶0.9g，薄荷3g，甘草0.6g，煎汤服。

承淡安在针灸和药物并举治病的同时，还注意综合疗法。如肺结核病，他认为是较难治愈之病，除一般的针药治疗之外，要注意休息、营养，解除忧虑烦恼。认为古人清心寡欲之戒，真是养肺病第一妙诀。承淡安以其20余年之临床所得，谓肺病之死，不死于治方之不善，实死于摄养之未能尽善。

脚气系常见病，亦顽证也。承淡安认为是寒湿之气袭入足胫皮肉，或湿热下注两足而得之。治疗：足三里灸10壮。三阴交灸10～15壮。辅助治疗：米皮糠烘至焦香，用赤砂糖日调服之。承淡安解释说："湿脚气刺足三里、阳辅、三阴交3穴，食米皮糠，无不愈者。余婿梅焕慈患湿脚气，已肿至两膝，因不信针灸，往求西医，注射服药，经治月余，毫无效果，不得已来针。为针上穴，服糠粉，半月痊愈。自斯笃信针灸，勤学不辍。"

承淡安精于针灸，对方药应用也深有研究。同时，他还注意对时方、秘方、单方的收集研究，并汇集疗效显著的普通中西药品，制为各种成药。他将自己收集到的秘方，分为止血、止咳、定喘、解毒、强壮五类。在他的笔记中，曾记载有关止肺出血的秘方：侧柏叶60g，新艾叶30g，阿胶10g，五倍子10g，茜草根10g。研为细末，每服5g，每日两次，并详注说明："考止血之药理作用有四：其一使血管收缩；其二使离血管之血速凝固；其三使血压降低，血行缓慢；其四除去瘀血，使血行畅通。”

承淡安对针药并举的学术研究，在注解《伤寒论》一书时，达到了一个很高的高度。他在德阳国医讲习所为学生讲授《伤寒论》时，不仅阐述病症方药，而且在各证汤之后，介绍相应针灸疗法。此后，承淡安将当年的《伤寒论》讲稿修订，易名《伤寒论新注》，公之于世。承淡安用药亦有特点：讲究寒热配伍，喜用虫类药物，重视外治疗法。现将承淡安验方举三例：

（一）清疹汤：主治小儿出疹，表里俱热、咽痛、喘逆咳嗽症。石膏 30g，知母 9g，羚羊角 3g，薄荷 6g，连翘 9g，蝉蜕 9g，僵蚕 6g，重楼 12g，水煎服，每日两服。功能：清肺泄热，解毒透疹。加减：恶寒发热者，加麻黄 3g，桂枝 5g；高热者，加大黄 3g；喘甚者，加大黄 3g，鱼腥草 10g；痒重者，加升麻 6g，防风 6g。

（二）止痢汤：主治痢疾腹痛。黄连3g，黄芩3g，白芍9g，炒山楂9g，枳壳6g，厚朴6g，槟榔6g，青皮6g，当归9g，甘草3g，地榆3g，木香3g，桃仁3g，水煎服。每日两次。功能：清热凉血，利湿止痛。加减：纯白痢去地榆、桃仁，加橘红3g；下痢涩滞，加酒大黄6g；赤痢初期，肛门坠甚者，加生大黄3g。

（三）止痛散：主治跌打损伤，骨折筋伤。土鳖虫15g（选用雄性大而活的，尾略尖者是雄性，雌性小而死的无效，如有翅能飞者有毒，不可用），自然铜9g，乳香6g，陈血竭6g，辰砂6g，当归30g，麝香3g。用法：上7味研细净末，窖封。每服3g，每日1次，黄酒冲服。

承淡安除重视向中医经典学习外，还注意收集民间验方。

1931年，承淡安回乡省亲，家人共话，其乐怡怡。长夜无眠，互道诊绩，其父曰：“数日前得一流火奇方，屡试不爽。”承淡安亟叩询，父曰："勿躁，待我详诉原末。离此北30里之沙洲，有孝子杨四。其母年过五十，今春右手患奇疡，于孔最穴处忽生一细疱，微痒。初不介意，以银针挑破之。未几，渐红渐肿，一夜其肿如椽，其热如荼，痛钻心肺。延医急治，皆无效，其破处渐见溃烂。去南通名医处医治，仍无效。适逢余赴邻家诊病，隔墙闻其呼号。往视之，手肿及肩，其大如股，溃有二掌大，血肉淋漓，奇臭异常，以水罨之，水气蒸腾，可见其火毒之盛。不饮不食，但闻呼号，家人彷徨求治，余亦无以为计。索阅前医方，皆为大剂犀角（现已代用）、石膏、川黄连、金银花等清热解毒之品。余思此殆疔毒走黄，勉与泻疔丸一服，使泻之，然未许其必效。"其父叙述至此，承淡安欲知下文。其父告之，约旬余后前去探望，见杨四之母适立庭院中，观孙辈抛球游戏。叩其治疗经过，杨四母欣然答曰："阿四不忍我待毙，抬至城中各医处求治。医见辞而不治，劝我速归。阿四涕泪交集，抬我返回。至途中稍息，我已昏不自觉。一老翁问阿四，阿四具以告。老翁弃锄而视曰：无妨！告阿四以黄菜藤缨打汁，调赤糖敷之，无不愈者。归家照方敷之，凡五易，历一昼夜肿尽退，痛亦止，即思饭食，不日即精神恢复如常矣。溃处，阿四在药肆中购九一丹为我继续治疗，今已愈其大半。”杨四母说毕，色喜示臂于承淡安之父。得到此方后，承淡安父子凡遇外疡之红肿者，试用之，无不见奇效。

练气练指练进针
砭针之道重精神

古今中外的一切治疗，不外精神治疗、药物治疗和器械治疗三种。承淡安认为，精神治疗主要是以术者的精神为主体，辅以受诊者的心理移转，而呈现“不可思议”的效果。他根据先父的庭训，自己的临床经验及潜观默察所得，认为针效的主体有三大要点：一是精神的感应，二是心理的专注，三是物理的刺激。三者配合，奇功立显。

承淡安指出：“任何治疗，最好伴以精神贯注，也就是说要精神充足，意志坚决，有克服疾病的信心，才能收到事半功倍的效果。”如果治疗中，医家能故意作出有利病人的病理分析，强调症状并不严重，使病人减轻精神上的负担，提高治愈的信心，在治效上必有相当的益处。

他说："我以为对患者最好给予精神上的鼓舞，就是要使病者的精神从疾病的魔掌中解放出来。"病者感到有希望，必振奋精神，再配合恰当的治疗，定有好疗效。承淡安说："我笃信此说已数十年，在临床上确有此种作用含蕴在针术之中。"他还打比方说："这好比练内功的人，在静坐中能促进任督两脉的循环贯注（道家名为小周天），或八脉贯注（名大周天），这种现象只有坐者自知，而无法测试。天下事物不能知其究竟的很多，不应由于现在不知其究竟，就否认它的存在。"

精神即气，练气对病人而言，极为重要。古人所说的"养吾浩然之气"，即指培养精神。承淡安说："先父在日，谆谆以练气为嘱。"但由于其父不能说明为什么要练气，因而不能引起他的信心。但在临床实践上，他总达不到其父的针效。久而始相信其父所教，注意练气，针效果然大进。从日归来办针灸讲习所时，他在课程中加入了练气练针一课。

1938年，承淡安于成都继续办针灸学习班时，有一学员黄某，广东人，精于剑术。黄某的体验，使承淡安有了新的认识，认为人身有电。黄某用手掌替人按摩，手掌距离被按摩者的皮肤寸许，被按的人觉有一股热气直入肌肉之中，有舒适感，手掌移动，热也随之移动。黄某说，风寒小疾，略按即愈。黄某是来承淡安处学习经络的，以便结合按摩，利用生物电为人治病。一夜，他在黑暗的小屋中静坐，两手各持钢制短剑一柄，剑锋相对。开始时，两剑相距二到三寸，有白光一缕，像微弱的萤光，蠕蠕然相接，两剑距尺许，光则见长。由此可证承淡安之父所论，并非虚语。总之，人身可以有电无疑。上面所说练气，即为使人身电力集中于指部，利用此电力以加强针刺的疗效。古人所讲人身之气，如中气、宗气、元气、五脏六腑之气，所指多端。人体生物电一定是气的范畴。古人之浩然之气也可能指此。气即所谓精神。

承淡安认为，要提高针刺的疗效，实有练气之必要。关于练气的方法，承淡安首先解释气是什么？他认为，一是组织的机能，一是人体生物电和组织机能，是有规律性的，是要受人体生物电支配的。修道家和养生家所谓的修炼，可能就是为了控制和利用人体生物电。关于人体生物电的性能，承淡安打了一个比方说：它们就像野马和尘埃，如野马之难于控制，如尘埃之充满太空而难于集中。我们如欲利用它，首先必须予以集中和控制，而后才可以随心收放，才能使之逐渐就范，为我所用。

承淡安说，所谓最大的控制力，就是集中思索，集中力量，即古书所说的“心无旁骛，神无营于众物”。将注意力放置于一定的部位，人体生物电自然会集中到所注意的处所。但在初学时不易达到此境界，务必息心静守，有如河畔垂钓，神注于钩的情状，无如恒心，可能如鱼之已入掌握，仍会脱手而逝。

针灸家练气的目的，是求治病速愈，没有过高的奢望。其练气，绝不像修道家那么有严谨的规律。针灸家练气，可随时随地实行。包括：（一）不拘形式的练气法：或坐，或站，或卧均可，只须躯干端正，四肢可以随意旋转。最重要的是思想和注意力要集中到脐下约三寸的部位（道家称为丹田），顺着腰部呼吸，自然地将腹肌随着呼气鼓出，吸气时收进。一呼一吸，一鼓一收，愈微愈易进步。历时5～20分钟。日积月累，人体生物电自然会渐渐集中，愈集愈多，其力自强。（二）伴有形式的练气法：正坐垂足，闭目合口，舌抵上腭。此外与上述相同，成效也和上述无异。

承淡安同时指出，在练气的同时，练习指力，也很重要。以前针灸家在修习针术时，主要就是练气和练指力，这要占去三分之二的学习时间。练气称为修内功。其练气方式各有宗派，择人而授的做法，虽然有神秘和自私的成分，但为提高学者珍视学习的程度，倒是值得赞许。承淡安说：“我以为，医道是有利于大众的，不应有自私，更不应故示神秘，所以决定予以公开。”虽然知道公开之后，违反了古人“仰之弥高，钻之弥坚”的定律，使学者可以不珍视，不肯勤学苦练而收不到效果，但是知而不为，等于故步自封。其医家的胸襟和气度，让人感佩。

练气也有助于推动病人的抗病力。练指力也有三点作用：一是养成人体生物电与指力感应的习惯性；二是易于进针，减少病人进针时的痛感；三是增强施针运气的力量。所以练气和练指力同样重要。

以前有点穴术，完全凭他平素练习的指力，能在不知不觉间，在别人的要穴上轻轻一按，即能使人受伤，甚至死亡。对此，承淡安虽未亲历，但却见过同乡王君的指力之大。王君长承淡安 3 岁，幼年曾练技击，精指腕力功，能将砖瓦叠高 3 尺，以指在顶面的砖片上一点，顶上的砖依然完好，下面的砖瓦却碎如刀劈。时在清朝末年，地方办团练请王任技击教练，王曾当众表演此技。

那时承淡安正在家乡小学读书，亲眼目睹，印象极深。承淡安说，练指力的方式种种不一，其父传授的是钻陈账，神针黄石屏传授的是钻泥墙。所谓钻陈账，就是取商家废弃的陈旧账册，厚有寸许，用针在账面上钻捻，以能洞穿为度，法极简单，往往钻捻半年以上便可应诊。

神针黄石屏的衣钵弟子魏廷兰与承淡安深交多年。他的弟子叶心清在重庆，曾一针治愈某人的胃病，名噪一时。1938 年，承淡安在成都，以患背脊痛请叶某来针，欣悉其师即为魏廷兰。叶某在魏师指导下练拳术与气功，以及针钻泥壁，历久不断，修炼艰巨，成就也极大。

承淡安同时还很重视进针前的定穴、针的选用、姿势正确、进针时的注意事项、长短针进针法等，以取得好的疗效。

为羡君家方术精
金针度处亦延年

《灵枢·官能》说："语徐而安静，手巧而心审谛者，可使行针艾，理血气而调诸逆顺。"说明古人对针刺手法的重视。针刺手法是针灸医家的必备技能之一，是针灸理论用之于临床的具体实践过程。作为一代针灸大师，承淡安十分重视针法研究与经验的积累，形成了自己的独到体会与见解。在他的代表著作《中国针灸学》一书中，第一编"针科学篇"就讨论了针刺手法问题。

1955年，承淡安也曾与弟子蔡任洪以通信的形式，专门探讨针刺方法问题。纵观承淡安的针刺手法及其思想认识，可归纳出三个方面。

一、针刺手法决定针刺疗效

承淡安在长期的针灸临床实践与科研、教学过程中发现：“各个针灸医生同样用一支针，在同一患者与同一部位针刺，所发生之感应与效果并不完全一致。有感觉相当疼痛者，有只有微痛或不痛者；有针下酸胀感传甚远者，有只限于局部者；有能迅速收效者，有则须之治乃效，或少效以至无效者。”他认为，这种情况的产生，除了与取穴定位是否正确有关外，更主要与针刺操作手法熟练程度、指力之强弱关系巨大。

对此，承淡安在其《中国针灸学》一书中，作了极其形象的解释：“锻炼指力与针刺手法练习，对于学习针术，如书画家之运用腕力与笔法，雕琢家之运用指力与刀法，同有练习之必要。意在能进针迅速，捻转提插纯熟，减少患者之针刺痛与提高疗效。稍稍练习，即能运用，并不如书画、雕琢家之必经长长岁月而后精也。”

承淡安在自己的临床教学中不断摸索，总结出一套行之有效的练习指力的方法。他认为，针灸家练习针刺手法，应先练指力，再练提插捻转，强调各手指活动也要灵活而随意。1935年以前，创办针灸研究社之初，承淡安遵其父教授之法，把约半寸之厚的旧书或旧账册固定在墙壁的木板上，高度与肩平齐。练习时站于板前，垂肘悬腕，捻针穿透书或账本。从日本考察交流回国后，承淡安又批判地借鉴了日本的练习方法，制作上下可移动的木架，绷纸于其上，以针钻捻，逐渐增加纸的厚度，循序渐进。抗战时入川后，他办学教书，仍坚持练习。把35页粗纸剪成巴掌大小，用线包扎整齐，随身携带，行便即练。练习时手腕悬空，以拇、食、中三指夹持针柄，精神专注于针尖，进针时手指用力，做回旋式捻转，并略带少许抵进之力，使针缓缓洞穿纸垫，确保针身不弯，退针时也要施捻而出，不可一拔而出。并将心得经验广泛传授给后学。该方法现已成为全国中医院校针灸专业学生练习指力的基本方法。

二、减轻针刺痛乃针灸医家的基本功

减轻针刺的疼痛，让更多的患者乐于接受针灸疗法，一直是针灸临床中不得不面对的实际问题。承淡安经多年探索研究，在1931年即托名紫云上人撰写了《运针不痛心法》一文。1955年，在与学生蔡任洪交流针灸医理时，他详细介绍了自己在临床中使用的消除患者疼痛的直下进针手法。在《中国针灸学》一书中，承淡安还介绍了另一种无痛进针法——押手进针法。临床证明，这两种进针法，对减轻缓解针刺疼痛，行之有效，被针灸医生广泛使用。

三、进针后的手法及出针的技巧

承淡安称进针以后的针刺手法为“捻运手法”。他认为，古代粗针浅刺，而现在针体纤细，因而古代的针刺手法现在并不能仿效。承淡安只言进针后应作兴奋或抑制的手技与反射或诱导之针法，共四种：曰兴奋作用之针法，曰反射抑制作用之针法，曰反射作用之针法，曰诱导作用之针法。

另外，承淡安还参考日本新针法，将我国历代传统针法进行改进，共有八种针法，并认为其中应用最多的为雀啄术、旋捻术、置针术（留针术）。其他五法为单刺术、屋漏术、间歇术、震颤术、乱针术。

关于针刺操作最后阶段的出针，承淡安也深有心得。古代出针分为补泻二法。针刺补泻，始见于《黄帝内经》，其中以《灵枢·九针十二原》、《灵枢·官能》和《素问·离合真邪论》三篇记载最为详细、完整。承淡安认为，其最基本思想基于中国古代“损有余、益不足”的哲学思想，以脉象为依据，针对病理变化，是邪气亢盛或正气不足采用的补或泻的针刺手法。补则疾闭其针孔，泻则摇大其针孔。现今则不再作区别，不管何种手法，出针时，都用一种操作，即必须将针作轻缓之捻动，徐徐退出，而在针孔处以消毒棉盖上，略揉数转，绝对不许将针一抽而出。不然会有后遗感觉发生，或血液随之而出。承淡安这种经验，化繁为简，易于操作。出针时，临床还可能有如下情况：出针困难，针后有后遗感，出针后局部皮肤颜色变化等。

值得一提的是，因针灸医生针刺补泻的立意不尽相同，在针刺补泻具体操作手法上也莫衷一是，甚或明显对立。承淡安在研究不同针灸医家医籍对针刺补泻的不同理解之后，认为针刺并无补泻之别，而只有刺激强弱的不同。对于刺激强弱与疾病虚实的关系，也不能一概而论，而应由医者在治疗过程中根据患者体质情况、耐受程度、病之新久、行气难易情况和气感强弱而随机应变。承淡安说：“针刺如中医处方，亦随病处方，因体之强弱而活用，绝不能死板地照着书上去开。所以我对于新医开西药方之千篇一律，不甚赞同也。”

总的来说，承淡安对于针刺手法的重要性是深有体会和研究的，并在临床上不断地揣摩和验证，对古代的针刺手法进行了很大的改进，大大简化了传统的针刺手法，在理论阐述上，也较容易被人理解和接受。

灸法，是用艾绒或其他药物在体表的穴位上烧灼、温熨，借灸火的温和热力以及药物作用，通过经络传导，起到温通气血、扶正祛邪作用，达到治病和保健目的的一种外治方法。《灵枢·官能》说:“针所不为，灸之所宜。”长期以来，灸法与针刺一直是并行的治疗手段。历代针灸医家都对灸法极为重视。承淡安在深研基础上，不遗余力地进行宣扬和传播，在理论和临床两个方面都颇有建树。他晚年有《灸法常稿》问世，可惜毁于“十年动乱”期间，现仅存 26 种灸治方案。承淡安还曾面向农村和基层，编写《简易灸治·丹方治疗集》，流传甚广。承淡安阐明灸术真理，推动灸道发展，功莫大焉。

针灸器具是针灸医学的临床工具，针灸临床治疗效果的好坏，主要是通过对针灸器具的操作来决定的。站在针灸医学由传统向现代转变潮头的承淡安，坚持从临床疗效出发，对针灸器具不断地进行改革和创新，极大地推动了当代针灸器具的发展。他的主要贡献是：制订规范，统一毫针制作的标准；改革针灸针的制作材料，引进皮内针，发明揿针；制作“念盈药艾条”。

承淡安是一位不断追求进步的医者，他对针灸器具的改革和创造从未间断过，他还对温灸器、皮肤针、针灸经穴模型等进行了改进和创新，为后学学习和运用带来了极大的便利。

施药不如施方好
针经一卷惠后人

承淡安悬壶之后，开设诊所，针药并施，行医济世，一直注重针灸临床的实践和理论研究。他早年在无锡创办针灸疗养院，开设针灸专科门诊时，即树理论研究与临床实践结合之典范。承淡安把对针灸确切疗效的研究作为理论研究的重要支撑，予以重视。承淡安的一生，也是呕心沥血提高针灸疗效、推动针灸振兴的一生。

承淡安勤奋好学，衷中参西，临床丰富，其针灸治疗思想和治疗经验博大精深。秉古人“施药不如施方”之义，承淡安针灸临床治疗的精华，多散见于他的有关著作及其弟子门人的整理记录中。1955 年 7 月，承淡安召学生郑卓人往南京寓所。朝夕谈医，将100多例治验示之。郑卓人随笔记录。通过其20年临床实践，弥钦其取穴简要，正确而效著，后录赠日本友人，诚服不已，可见一斑。承淡安的弟子门人代为整理的著述和手稿有《针灸薪传集》(夏少泉著)、《新编针灸治验集（增订本）》(承为奋编)、《承师常用灸法及验方》(承为奋手稿)、《承淡安针灸选集》(承为奋编）等。

承淡安的验案，由其弟子根据其针灸思想记录整理，并得到承淡安本人的认可，体现了他的针灸临床思想和特点，突显了其在针灸临床中继承传统、开拓创新所取得的成绩，是一座针灸临床治疗的丰富宝库。

承淡安认为，治疗过程是研究针灸治疗效果不可或缺的内容，也从一个侧面展示出大师的精湛医术。本文根据文献资料，对承淡安的治疗验方选出若干，以飨读者。

伤寒门：太阳病。病因：体气衰弱，风寒

从皮毛侵入，毛孔闭塞，风寒郁于内而为病。此为风寒袭入化病之每一步也。证象：头项强痛，或头身疼痛，恶寒发热，有汗或无汗，脉浮缓或浮紧，舌苔白，不甚口渴，发热时仍恶寒，渴喜热饮。治疗：风府针入二分至三分半，留捻3分钟；合谷针入三至五分，留捻3分钟；头维针入一分，留捻2分钟。注意捻时宜缓。辅助治疗：豆豉9g，香葱头5枚，煎汤服。覆被卧，取汗。预后：良。或转入少阳，或阳明部分。备考：《伤寒论》："太阳病，初服桂枝汤，反烦不解者，先刺风池、风府，却与桂枝汤则愈。"《医学入门·杂病穴法歌》："伤寒一日刺风府。"《世医得效方》："风寒初得一二日，头痛寒热，宜灸巨阙、上脘、中脘各五十壮。"

温热病门：温毒。病因：温邪兼夹秽浊之气，触之成病，直干心包内脏。证象：壮热面赤，口舌糜烂，咽痛，目红，气出如火，心中烦热，神昏谵语，舌黄或红，两脉洪数。治疗：

少商、商阳、中冲、关冲、少冲、少泽、委中，俱针刺出血；支沟针入三分，留捻3分钟；合谷针入五分，留捻3分钟；劳宫针入二分，留捻3分钟。辅助治疗：至宝丹1粒，开水化服。预后：早治者良。备考：《百症赋》："岁热时行，陶道复求肺俞里。"《玉龙歌》："三焦热气壅上焦，口苦舌干岂易调。针刺关冲出毒血，口生津液病俱消。"

暑病门：中暑。病因：夏日暑热高悬，铄石流金，吾人当之，气耗液伤而为矣。证象：身微热，恶寒或不恶寒，汗出而喘，烦渴多言，倦怠少气，面垢齿燥，舌苔薄白，脉芤迟或芤细。治疗：尺泽针入一分，留捻1分钟；合谷针入三至四分，留捻2分钟；曲池针入五分，留捻2分钟；内庭针入二分，留捻2分钟；行间针入二分，留捻2分钟。辅助治疗：西洋参3g，生石膏9g，知母3g，生甘草3g，煎汤服之。预后：良。

霍乱门：寒霍乱。病因：恣食生冷之物品，饱受寒凉之风露，阳气为之抑漫，中焦因之不和，正气不守，邪干肠胃而为病矣。证象：肠胃绞痛，或吐或泻，或吐泻交作，四肢厥逆，汗出而冷，面唇色青，爪紫螺瘪，腹痛转筋，两目失神，脉细或伏，舌或白或紫或黑，或恶热，口渴，但舌部润，渴不多饮。治疗：神阙灸7壮；委中针入五分，留捻1分钟；中脘针入五至十分，留捻2分钟；合谷针入三至五分，留捻2分钟；太冲针入三分，留捻1分钟。吐者：加针内关，针入三分，留捻2分钟；内庭针入三分，留捻2分钟；三里针入三分，留捻2分钟；昆仑针入三分，留捻2分钟。泻者：加灸天枢五壮，章门五壮，阴陵泉针入三分，留捻2分钟；昆仑针入三分，留捻2分钟。转筋：加针承山，针入三至四分，留捻2分钟；绝骨针入三分，留捻2分钟。辅助治疗：藿香4.5g，苏梗6g，川厚朴3g，茯苓9g，苍术3g，半夏4.5g，煎汤服。备考：《经验良方》："绞肠痧症，手足厥冷，腹痛不可忍者，以手蘸温水，于病者膝弯上拍打，有紫黑点处，以针刺去恶血即愈。"《验效方》："霍乱转筋入腹，手足厥冷，气欲厥，以盐填脐中，大艾炷灸之，不计其壮数，立效。"《医学入门》杂病灸法歌：霍乱中脘可入深，三里内庭泻几许。

中风门：中经络。病因：风为阳邪，每以表入，由皮肤而入经络。《内经》云："中于面则下阳明，中于项则下少阳，中于背则下太阳。"故风中之人，三阳经络当其冲。证象：形寒发热，身重疼痛，肌肤不仁，筋骨不用，头痛项强，角弓反张，病皆起于猝暴，两脉弦深，舌苔薄白。治疗：合谷针入三至四分，留捻2分钟；曲池针入五分，留捻2分钟；阳辅针入三分，留捻2分钟；阳陵泉针入五分，留捻3分钟；内庭针入二至三分，留捻2分钟；风府针入三分，留捻2分钟；肝俞针入三分，留捻

2分钟。辅助治疗：圣济大活络丹，用陈酒送服1丸。预后：良。备考：《针灸大成·八脉治症篇》："手足瘙痒，不能握物，先刺申脉，继针臑会、腕骨、合谷、行间、风市、阳陵泉。"又《针灸秘穴篇》："中风，四肢麻痹不仁，针肘髎、上廉、鱼际、风市、膝关、三阴交。"《肘后方》："治中风莫如续命汤之类，然此可扶持初病，若要收全功，大艾为良。盖中风者，皆因脉道不利，血气闭塞也。灸则唤醒脉道，而气血得通矣。"

痉厥门：痰厥。病因：素多痰疾，偶因感触，痰阻中宫，因而厥逆。证象：喉间痰声响，面白神昏，目闭不语，脉沉滑。治疗：中脘针入五至八分，留捻2～3分钟；丰隆针入五分，留捻3分钟；合谷针入三至五分，留捻2分钟；灵台灸二三十壮。辅助治疗：陈胆星3g，陈皮3g，煎汤灌服。预后：良。备考：昔年承淡安之父治赵瑞安之甥，常患痰厥病，发时针中脘一穴立愈。嘱其时服半贝丸及指迷茯苓丸。其父不信，发必购脑麝所制之惊药予服，未满十龄，头大逾常人，顽木不灵，后不救。

癫狂门：癫证。病因：情志抑郁，所希不遂，以致痰塞心包，神不守舍，发生无意识之行动。证象：或笑或歌，或悲或泣，语言颠倒，秽洁不知，精神恍惚，如醉如痴。时轻时重，经年不愈。治疗：依照狂证，间使与十三鬼穴针刺，心俞灸三至十壮。喜怒无常，水沟针入二分，留捻 2 分钟；阳溪针入三分，留捻 2 分钟；列缺针入三分，留捻 2 分钟；大陵针入三分，留捻2 分钟；神门针入三分，留捻2 分钟；心俞灸五壮。多悲泣：百会灸五壮，大陵灸五壮；水沟针入二分，留捻 2 分钟。辅助治疗：常服金箔镇心丸。预后：多针灸者良。备考：《灵枢经》："癫疾始生，先不乐，头重痛，视举目赤，甚作极，已而烦心，候之于颜，取手太阳、阳明、太阴，血变而止"。（马元台云："支正、小海、偏历、温溜、太渊、列缺是也。”）“癫疾始作而口啼呼喘悸者，候之手阳明、太阳，左强者，攻其右，右强者，攻其左，血变而止。癫疾始作，先反僵，因而脊痛，候之足太阳、阳明、太阴、手太阳，血变而止。”（承淡安按：足太阳：委阳、飞扬、仆参、金门；足阳明：三里、解溪；足太阴：隐白、公孙；手太阳：支正、小海）张洁古曰：“癫痫昼发治阳跻申脉，夜发治阴跻照海，各二七壮效。”《百症赋》：“癫疾必身柱、本神之令。”

疟疾门：热疟。病因：暑邪内伏，阴气先伤，阳气独发，发热而不恶寒。证象：发时骨节烦痛，但热不冷，肌肉销铄，烦渴或呕，脉数，苔黄。治疗：太溪针入三分，留捻 2 分钟；后溪针入四至五分，留捻 2 分钟；间使针入四至五分，留捻 2 分钟；陶道针入二至三分，留捻 4 分钟。预后：良。备考：《医学纲目》：“凡疟，取间使为妙。”

泻痢门：寒泻。病因：寒湿内蕴，饮食引之，脾乃失其健运，水谷因是不分，糟粕甚至不化。清浊混淆，留走肠间而泄泻矣。证象：肠鸣腹痛，大便泄泻，小便水少，四肢厥冷，体重无力，脉迟缓，苔白腻。治疗：神阙灸三壮；中脘针入五分，留捻1分钟，再灸三壮；气海灸三十壮；天枢灸五壮。辅助治疗：白术6g，茯苓9g，煎汤服之。预后：良。备考：《古今医鉴》："泄泻三五年不愈，灸百会五七壮即愈。"《得效方》："灸泻痢，取天枢、气海，大能止泄。"朱丹溪曰："泄泻不止，灸神阙七壮，关元三十壮。"《医学纲目》："泄取阳陵泉、合谷、巨虚上廉、太冲。"《得效方》："泄泻如水，手足冷，脉欲绝，脐腹痛，渐渐短气，灸气海百壮。"

承淡安验案，案案珠玑，浩如烟海，不胜枚举，限于篇幅，就此收笔。

菲菲桃李香中外
今朝举世慕金针

中华人民共和国为承淡安的人生和他的医业提供了广阔的舞台，供他策马扬鞭，纵情驰骋。

正当承淡安意气风发，云蒸龙变，得大伸其志之时，孜孜不倦为振兴针灸大业忘我工作，呕心沥血之际，他却因积劳成疾，心脏病重发，抢救无效，驾鹤西去。他给子孙后代留下了未竟的振兴针灸大业，留下了一座为医业鞠躬尽瘁的精神丰碑，也留下了人们对大师无尽的思念。古语说：河清不可俟，人命不可延。

错矣，承淡安大师虽已逝去，他为之奋斗终生的事业，他心系岐黄无私忘我的精神，却早已“托体同山阿”。他留给后世的关于针灸的巨著，将流芳万代，滋养后学，为振兴和发展针灸大业作出贡献。

惊悉承淡安去世的噩耗后，当时的国家副主席李济深即题赠挽联，以致哀悼。其曰：

康济斯民良相同工垂千古，

阐扬绝学名医传世有针经。

这是对承淡安人生何等崇高的褒奖，又是对承淡安医业何等恰当的评价！

承淡安英年早逝，杏林也为之哀痛叹惜。中医大师岳美中独为神州惜大儒，其诗曰：

落落襟怀自寡俦，复兴学社展鸿猷。

几经忧患心无歇，已脱积疴气更遒。

图籍风行传异域，铎声日远播荒州。

从知赤县金针客，群向姑苏暗点头。

国宝家珍孰肯藏，砭针今日赖君昌。

灵枢启秘声光远，皇甫抉微姓字香。

企足共欣刊杂志，倾心早见绘明堂。

独弹雅调凭谁赏，可有伊人水一方。

同道王雪苔也赋诗一首颂承淡安曰：

岐黄昔日几蒙尘，放肆西风虐杏林。

义激承公扬国粹，力擎针道起江阴。

菲菲桃李香中外，郁郁篇章融古今。

一代先驱开大业，今朝举世慕金针。

此等发自肺腑的颂扬，绝非溢美之词，实乃实至名归。

承淡安，承世医庭训，博采中西研针灸，淡时艰途岖，恳勤兢业抉贫厄。安俯首，甘儒桃李，执教望亭无锡。针古今中外，敦敦千里赴东瀛。灸风霜寒暑，坦坦一志骋南北，宗华夏，情系黄岐，鲲鹏展翅金陵。师后人，扬绝学，大医精诚。这是多么丰富的经历，又是何等多彩的人生！特别是他以短暂的一生，以振兴针灸大业、培养针灸人才为要务，精研医典，终生办学，公开家学，倾心教授，办社创刊，答疑解惑，薪火相传，奖掖后学，筚路蓝缕，尽心尽力，有万名弟子门人遍布大江南北，乃至世界各地。北京赵尔康、杨甲三、程莘农（中国工程院院士、国医大师），南京邱茂良、李春熙，福建陈应龙、留章杰，广东曾无沾，广西罗兆琚，安徽陆善仲，河南邵经明，山西谢锡亮，浙江高镇伍等，无不师出承门，深得恩师薪传。更有不少得意门生，散落在海外、港台各地。如香港的卢觉愚、谢永光、邓昆明，新加坡的何敬慈、邓颂如、刘致中，菲律宾的高达三、关飞雄，以及第一位在美国开办针灸专科学校，被誉为“美国针灸之父”的苏天佑等人。他们秉承承淡安积极弘扬针灸绝学的宏愿，在海外、香港等地开馆设诊，使中国的针灸绝学在世界各地传播。因承淡安祖居古称澄阳的江阴，故海外众多师出承门的弟子，自诩“澄江针灸学派”，并以之为荣。

桃李不言，下自成蹊。大医承淡安，精研古籍，医术精湛，宅心仁厚，胸怀宽广，真诚朴实，深得弟子、门人的尊敬和爱戴。

1999 年，承淡安去世 42 年之后，国人为之悼念，世界各地众多承门子弟传人也殊为怀念。他们不顾关山万里，重洋阻断，聚首神州，参加纪念承淡安先生诞辰 100 周年大会。缅怀恩师承淡安的深情厚谊，追颂一代针灸名师的功绩和精神。

冥冥虽远，思念长存，倘大师上天有灵，可含笑九泉了。

（撰稿人　夏有兵　张建斌）

《中华中医昆仑》丛书 150 位医家名录

（按生年排序）

张锡纯	丁甘仁	萧龙友	王朴诚	恽铁樵
曹炳章	冉雪峰	谢　观	施今墨	汪逢春
孔伯华	黄竹斋	吴佩衡	蒲辅周	陈邦贤
李翰卿	李斯炽	姚国美	陆渊雷	张泽生
时逸人	张梦侬	叶橘泉	王聘贤	陈慎吾
邹云翔	赵炳南	承淡安	余无言	刘惠民
岳美中	沈仲圭	秦伯未	赵锡武	韦文贵
程门雪	黄文东	赵心波	董廷瑶	吴考槃
章次公	石筱山	陆南山	张赞臣	李聪甫
刘绍武	陈存仁	朱仁康	陆瘦燕	姜春华
韩百灵	高仲山	李克绍	王鹏飞	刘春圃
金寿山	哈荔田	何世英	周凤梧	干祖望
关幼波	王为兰	任应秋	罗元恺	祝谌予
杨医亚	郭士魁	何时希	耿鉴庭	俞慎初

裘沛然	顾伯华	江育仁	邓铁涛	门纯德
刘渡舟	尚天裕	朱良春	李玉奇	程士德
尚志钧	赵绍琴	董建华	米伯让	李辅仁
张珍玉	班秀文	颜正华	于己百	颜德馨
路志正	方药中	王乐匋	黄星垣	谢海洲
余桂清	何　任	王子瑜	程莘农	陈彤云
焦树德	张作舟	张　琪	李寿山	张镜人
王绵之	方和谦	印会河	王玉川	蔡小荪
李振华	马继兴	王嘉麟	宋祚民	刘弼臣
王雪苔	刘志明	吴咸中	李今庸	任继学
裴学义	王宝恩	周霭祥	贺普仁	唐由之
赵冠英	许润三	金世元	陆广莘	刘柏龄
徐景藩	吉良晨	吴定寰	沈自尹	王孝涛
张灿玾	周仲瑛	强巴赤列	张代钊	李经纬
郭维淮	柴松岩	苏荣扎布	陈可冀	李济仁
夏桂成	郭子光	巴黑·玉素甫	张学文	陈介甫